Marceline Putnai

Le chien du Gitan

Ernst Klett Verlag
Stuttgart · Leipzig

1. Auflage 1 11 10 | 2025 24 23

Alle Drucke dieser Auflage sind unverändert und können im Unterricht nebeneinander verwendet werden. Die letzte Zahl bezeichnet das Jahr des Druckes.

Internetadresse: www.klett.de

Umschlag: Jani Spennhoff, Barcelona
Illustrationen: Jani Spennhoff, Barcelona
Druck: Plump Druck und Medien GmbH, Rheinbreitbach

Printed in Germany.
ISBN 978-3-12-523032-3

9 783125 230323

Table des matières

Avant la lecture

1. Le titre

Gitan, Tsigane, Manouche, Rom
Tsigane (Zigeuner) ist in Frankreich die allgemeine Bezeichnung für Personen, die im 10. Jahrhundert aus ihrer Heimat Nordwest-Indien ausgewandert sind. Die meisten Menschen ließen sich auf dem Balkan und im mittleren Osten nieder. Um 1400 gab es eine erneute Wanderwelle Richtung Mitteleuropa. Abhängig von der Herkunft der Stämme gibt es weitere französische Bezeichnungen: Mit *Roms* sind Personengruppen gemeint, die aus Südosteuropa nach Frankreich gekommen sind. *Gitans* sind aus Spanien und *Manouches* aus Mitteleuropa eingewandert. In Deutschland spricht man von Sinti und Roma.
Die Sinti und Roma verfügen über eine eigene Sprache, Romani, die aus der altindischen Sprache Sanskrit stammt.
Heute leben ca. 10 Millionen Sinti und Roma in Europa, die meisten von ihnen sind in den jeweiligen Ländern sesshaft und verfügen über die jeweilige Nationalität. Ein geringer Teil hat keinen festen Wohnsitz.

2. La couverture *(der Umschlag)*

a) Décrivez le dessin sur la couverture.
b) Imaginez de quoi parle l'histoire.

Chapitre 1 Dans le métro

A huit heures moins vingt, comme tous les jours de la semaine, je sors de la maison. Mon père me dit un truc que je n'entends pas, mais je réponds : « Oui, oui, papa, pas de problème ! ». Il est dans la salle de bains ou dans sa chambre, je ne sais pas. Lui aussi a toujours des problèmes avec l'heure, le petit-déjeuner, toutes ces choses… enfin, surtout depuis que maman est partie ! Je suis en retard, je n'ai rien mangé, et c'est comme ça tous les jours maintenant… depuis que maman est partie. Moi, je dis toujours qu'elle est partie, parce que l'autre mot, je ne peux pas le dire. Je peux l'écrire : Maman est morte… mais je ne peux pas le dire, pas encore…

Dans le métro, station Alésia, je regarde les gens. J'aime bien regarder les gens. Eux, ils ne me regardent jamais. Dans le métro, je suis invisible. A ma droite, il y a une fille super belle. Elle écoute de la musique, mais elle fait la tête. Il y a un monsieur énervé qui téléphone. Et puis, il y a une dame avec son fils. Ils vont à l'école, elle ferme son anorak et lui, il rigole et il met sa petite tête dans ses longs cheveux noirs. Ça y est, ça recommence, je vais pleurer ! Non, il ne faut pas, quand on pleure, on n'est plus invisible. Stop, je dois vite regarder autre chose, tourner la tête, ne plus penser… Un peu plus loin, il y a un jeune garçon. Il a des grands yeux verts. Son visage est maigre. Il a dans ses mains une vieille guitare. Il a les cheveux très noirs, sa peau est marron. Tout à coup, il tourne ses yeux vers moi, et puis, il me sourit. Je ne suis plus invisible ! Je lui souris aussi. Il se lève. Mais qu'est-ce qu'il va faire ? Est-ce qu'il va venir vers moi !

– Dis donc, tu vas pas nous jouer ta musique de sauvage là, j'espère !

---

3 **un truc** *(hier)* etwas – 7 **surtout** vor allem – 8 **en retard** zu spät – 10 **un mot** ein Wort – 11 **mort,e** tot – 20 **pleurer** weinen – 23 **loin** weit – 24 **une main** eine Hand – 25 **la peau** die Haut – 26 **vers** zu (Richtung) – 26 **sourire** lächeln – 29 **un sauvage** ein Wilder

Un grand type a parlé. Derrière lui, ses deux copains rigolent. Un rire mauvais et imbécile. Le garçon qui vient de parler a une cicatrice sous l'œil droit.

– Ouais, dit un autre avec les cheveux roux. Nous, on déteste vraiment ça, tu vois. Parce qu'on est pas des sauvages !

Ils sont maintenant à côté du jeune garçon. Lui ne peut pas bouger, il y a des gens partout dans le métro à huit heures. Mais les gens ne disent rien. Le garçon essaie de partir, une dame le regarde, énervée, elle met son sac de l'autre côté … et c'est tout. Le type à la cicatrice pousse le garçon et la guitare tombe des petites mains. Le deuxième mec met sa grosse chaussure noire sur la guitare. Scrashh !

– Oh, ben c'est dommage ça, dis donc ! dit le roux. Plus de musique ! Mais c'est pas grave, tu vas voler un peu plus, c'est tout !

– Ouais, dit le deuxième, mais voler, c'est pas bien. Ta maman te l'a pas dit !

– Ben non, continue le troisième. C'est sa mère qui lui a montré comment on vole ! Ah, ah, ah !

Le petit garçon ne dit rien. Il regarde les trois types et je vois la terreur dans ses yeux.

– Arrêtez ça maintenant ! Ça ne va pas, non, qu'est-ce qu'il vous a fait ?

Les trois types tournent ensemble la tête et me regardent ! Qui a parlé ? C'est vraiment moi ? Oui, c'est MOI !

– Mais qu'est-ce qu'il veut le nain ? T'es copain avec le Rom ?

– Euh… non, mais… laissez-le, il a rien fait !

Les jeunes commencent à rigoler.

– Ecoutez ça ! Il a rien fait ! Tu veux peut-être qu'on joue aussi un peu avec toi ? Pas de problème, mon vieux !

---

3 **une cicatrice** eine Narbe – 4 **roux** rot – 8 **bouger** sich bewegen – 11 **pousser** stoßen – 12 **tomber** fallen – 15 **grave** schlimm – 27 **un nain** ein Zwerg – 28 **un Rom** ein Roma

Pendant ce temps, le jeune garçon que je vois derrière les trois monstres qui viennent vers moi, est en train de se faufiler entre les gens. Le métro va bientôt arriver à la prochaine station, la station Montparnasse. Voilà, on est là ! Je suis devant la porte, je sors et je cours, je cours ! Devant moi, je vois le jeune garçon, ce qui reste de sa guitare à la main, qui part dans une autre direction. J'entends le type à la cicatrice qui me crie :

– On va te retrouver, petit merdeux ! On va peut-être faire tous les collèges du quartier, mais on va te retrouver !

Leurs mots sonnent dans la station de métro, je cours, je cours, je ne vois plus rien, j'entends seulement boum-boum, boum-boum…

Je suis dans la rue… loin du collège Buffon. Il fait froid et il pleut. Je vais arriver en retard… en plus au cours de français ! Ce n'est pas la première fois. Et puis, les profs ne me disent plus rien, depuis… depuis qu'elle est partie.

---

3 **se faufiler** sich durchschlängeln – 5 **courir** rennen – 9 **petit merdeux** Rotznase – 12 **seulement** nur – 14 **Il fait froid.** Es ist kalt. – 15 **Il pleut.** Es regnet.

Chapitre 2 Une histoire avec Lila

Monsieur Feraqui m'a regardé longtemps quand il m'a vu à la porte de la classe.

– Bonjour, Noé. Tu veux peut-être nous expliquer quelque chose.

– Ben non, m'sieur. Je suis en retard, pardon.

Les autres commencent à rigoler et là, je me vois dans leurs yeux. Le cours a commencé à 8 h 30. Il est 9 h 12, j'ai couru comme un fou, et je suis trempé. Je vais à ma place, mes chaussures font floc, floc, floc, et monsieur Feraqui continue son cours.

– Bon, allez, allez, écoutez ! Alors, mon cher Noé, nous parlons aujourd'hui des belles histoires qu'on appelle les contes… Vous allez écrire un conte. Et, comme les frères Grimm, vous allez travailler à deux. Vous avez

---

1 **longtemps** lange – 7 **j'ai couru** ich bin gerannt – 8 **un fou** ein Verrückter – 8 **trempé,e** durchnässt – 13 **un conte** ein Märchen

trois semaines. Nous avons déjà fait les équipes, Noé. Comme Lila n'est pas là non plus aujourd'hui, je vous ai mis ensemble, ça te va ?
– Euh… ben euh… oui !

Tout le monde rigole parce que tout le monde sait que je suis amoureux de Lila. Lila, je l'aime depuis la première seconde. Elle est arrivée à l'école il y a deux ans. Elle est entrée dans la classe pour la première fois un matin gris de décembre. Je suis en train de rêver à Lila et à ce conte que nous allons écrire ensemble, ENSEMBLE ! Nous allons travailler au CDI, elle va être à côté de moi… Le cours de français est terminé, les autres quittent la classe.
– Cool, les devoirs, non ?!
Andy me sourit.
– Oui, c'est euh… cool !
Andy continue.
– Dis donc, tu as eu un problème ce matin ?
– Ce matin ? Ah oui, ce matin. Il y a eu un truc dans le métro.
Je raconte toute l'histoire à Andy, les trois mecs, le jeune musicien, la guitare…
– Il faut faire attention Noé ! Est-ce que ces mecs sont du quartier ?
– Je ne sais pas, moi. On n'a pas échangé nos adresses ! Mais enfin, Andy, les gens n'ont pas réagi. Et pourtant, ce garçon n'a rien fait !
– Comment tu le sais, ça ? Il y a peut-être eu un problème avant. On m'a raconté qu'il y a une bande de Roms dans le quartier depuis deux ou trois semaines. On m'a dit qu'il y a eu un problème avec les parcmètres ! Ils ont volé de l'argent.

---

1 **une équipe** ein Team – 22 **faire attention** aufpassen – 24 **échanger** austauschen – 30 **un parcmètre** eine Parkuhr – 31 **l'argent** *(m.)* das Geld

Ça m'énerve, je n'aime pas quand Andy parle comme sa mère.

– ON t'a raconté, ON t'a dit… Mais qui, ON ? Les clientes du salon de coiffure de ta mère ! Super info !

– Oh ça va ! Je n'ai pas un père journaliste, moi, je sais. Moi, ce que je veux te dire, c'est que tu ne connais peut-être pas toute l'histoire.

– Mais, Andy, imagine ! Cet après-midi, après l'école, dans la rue, tu vois un type qui attaque une vieille dame ou un autre qui vole un bébé… Tu ne fais rien ?

– Je sais pas, moi. Non, euh… si… Mais c'est pas la même chose, Noé.

– Ah, et pourquoi ? Parce que le garçon du métro est un Rom !

– Oh, Noé !

Andy n'a pas du tout envie de discuter avec moi.

– Ecoute, une chose est sûre : ces trois mecs sont dangereux !

– Peut-être, mais ils ne vont jamais me retrouver !

– Ouais, si tu le dis…

Ça sonne, le cours de sport va commencer. Vite, mon sac… Mon sac ? Mais où est mon sac de sport ? Je l'ai pris ce matin, c'est sûr. Je n'oublie jamais mon sac de sport.

– Alors, tu rêves, me crie Andy !

– Non, mais je… mon sac, j'ai perdu mon sac ce matin.

Andy et moi, on se regarde sans rien dire.

– Dans le métro ?

– Oui.

– Tu es sûr ?

– Sûr !

– Merde !

– Tu l'as dit !

---

4 **un salon de coiffure** ein Friseursalon – 6 **connaître** kennen – 10 **un bébé** ein Baby – 18 **dangereux/dangereuse** gefährlich – 31 **Merde !** *(fam.)* Scheiße! *(ugs.)*

Chapitre 3 Papa

Après les cours, je rentre chez moi tout de suite. Sur le quai du métro, je suis nerveux. Je regarde à droite, à gauche, derrière moi. Je monte dans la dernière voiture, je reste dans un coin et j'attends. A chaque station, je regarde les gens sur le quai, prêt à sortir de la voiture ! Je décide de sortir une station avant Alésia. A Mouton-Duvernet, il n'y a pas beaucoup de monde, tout est tranquille. Dans la rue, je ne vais pas vite et j'essaie de ne pas regarder derrière moi. Je dois rester encore un peu, je ne vais pas rentrer tout de suite. Je n'ai pas peur, je n'ai pas peur. J'achète un pain au chocolat, je fais un tour au parc de skate. Je n'ai pas peur, je n'ai pas peur. Je suis dans l'avenue René Coty, je regarde des magasins qui ne m'intéressent pas, je n'ai pas peur. J'achète mon journal « Bass player » et je rentre chez moi. Là, je prends ma guitare et je joue. Avec le groupe, on a commencé à travailler « Don't panic » de Coldplay.

We live in a beautiful world,
Yeah we do, yeah we do,
We live in a beautiful world,
Oh, we're sinking like stones

1 **un quai** ein Bahnsteig – 3 **une voiture** ein Wagen – 4 **un coin** eine Ecke – 4 **chaque** jede/r/s – 7 **tranquille** ruhig – 10 **avoir peur** Angst haben

– Bravo !

Papa est derrière moi, il me regarde et sourit.

– C'est vraiment, super, Noé. Tu as fait beaucoup de progrès.

– Merci, papa. Je ne t'ai pas entendu. Tu es rentré quand ?

– Je viens d'arriver. Dis donc, j'ai fait des courses, tu as envie de faire la cuisine avec moi ? Voilà le menu : poisson à la crème et petits légumes, salade et tarte aux pommes.

– Waouh ! Quoi ? Pas de pizza, pas de kebab !! J'arrive.

Papa et moi sommes dans la cuisine. Moi, je prépare les légumes et il fait la tarte. On écoute la radio. Et j'entends papa qui chante, pour la première fois depuis des mois. Je voudrais lui dire que je suis content. Mais je ne peux pas parler, alors nous chantons tous les deux dans la cuisine, d'abord doucement et puis très fort !

Et puis, la chanson se termine.

– Papa, il y a eu une histoire bizarre aujourd'hui dans le métro !

Je connais mon père. Lui, il va me comprendre. Alors, je raconte tout. Mais je vois vite que j'ai fait une erreur !

– Mais tu es malade ! Tu ne sais pas ce que tu fais ! Et tout ça pour un mec que tu n'as jamais vu…

– Un mec ! Il a 12 ans maximum, le mec, comme tu dis !

– Et toi, tu en as 15. Ce n'est pas beaucoup plus…

– Mais papa, tu m'as souvent parlé de courage civique, non ?

– Si ! Mais, Noé, écoute… Je n'ai que toi…

Il fait une pause.

---

8 **faire la cuisine** kochen – 9 **le poisson** der Fisch – 9 **des légumes** Gemüse – 17 **doucement** *(hier)* leise – 17 **fort** *(hier)* laut – 22 **une erreur** ein Fehler – 27 **le courage civique** die Zivilcourage – 29 **Je n'ai que toi.** Ich habe nur dich.

– C'est courageux bien sûr ce que tu as fait, mais tu dois être très, très prudent. Tout seul, tu ne peux rien faire.
– Oui, papa. Mais…
Je préfère arrêter mon histoire. Je ne vais pas lui dire que j'ai perdu mon sac de sport dans le métro. Je ne vais lui dire non plus que dans le sac, il y a un petit carton blanc où on peut lire en très grosses lettres : Noé Stila, 30 rue Bézout, 75015 Paris.

Nous n'en parlons plus. Nous mangeons notre poisson dans le salon. Le chat nous regarde enfin, après toutes ces pizzas !

---

2 **prudent,e** vorsichtig – 6 **un carton** (ein Stück) Pappe – 7 **une lettre** *(hier)* ein Buchstabe

Chapitre 4 Le chien

Aujourd'hui, c'est mardi. Madame Loupinot, notre prof de maths, est malade et je commence à onze heures. J'ai le temps de faire un tour à « La Note ». Je cherche des nouvelles chansons pour le groupe et Décibel a toujours des super idées. Décibel est le patron du magasin. Il a 25 ans et c'est un vrai copain. Avec lui, j'ai appris la guitare.

A neuf heures, je suis dans la rue. Tout est gris, il fait froid et les gens vont vite. Je mets mon bonnet et tout à coup, je le vois. Il est sur le trottoir de l'autre côté de la rue. Il me

---

5 **un patron** ein Chef – 8 **un bonnet** eine Mütze

regarde, oui, il me regarde vraiment. C'est un très grand chien, noir et marron, avec des petites oreilles. Il a des très longues pattes et des grands yeux jaunes. Il me regarde toujours. Il doit attendre son maître qui fait des courses. C'est bizarre, il n'a pas de collier. On ne voit pas souvent des chiens grands comme ça à Paris. Le pauvre, ça ne doit pas être marrant pour lui dans un appartement. Tout à coup, il part, il part incroyablement vite et dix secondes plus tard, il a tourné dans une petite rue. Vraiment bizarre, ce chien !

J'arrive à « La Note » à neuf heures et demie. Décibel est en train de boire un café, un gros casque sur les oreilles. Il a un vieux t-shirt vert et un jean trop grand. Décibel porte toujours les mêmes vêtements, été comme hiver !

– Salut, Déci !
– Noé, salut ! Qu'est-ce que tu fais là ? T'es pas au collège ?
– Ma prof est malade. Je cherche des nouvelles chansons pour mon groupe.
– Ah, mais tu ne travailles plus ton morceau de Coldplay ? Il est cool, non ?
– Oui, mais, c'est un peu triste, je trouve.
– Hum… je vais réfléchir ! Dis donc, je ne t'ai pas encore montré ma fender mustang ?
– Waouh, non ! Montre, vite !

Décibel va derrière sa caisse et revient avec sa fender mustang rouge de 1964 ! Il me la donne.

– Fais attention, hein !
– Mais oui !

---

1 **vraiment** wirklich – 2 **une oreille** ein Ohr – 3 **une patte** ein (Tier)Bein – 4 **un maître** *(hier)* ein Herrchen – 5 **un collier** *(hier)* ein Halsband – 8 **incroyablement** unglaublich – 12 **un casque** *(hier)* ein Kopfhörer – 14 **l'hiver** *(m.)* der Winter – 20 **un morceau** ein Stück – 23 **réfléchir** nachdenken – 24 **fender mustang** *Name einer in den 60er Jahren hergestellten E-Gitarre, die durch Kurt Cobain später berühmt wurde.* – 26 **la caisse** die Kasse

Je prends la guitare et je joue quelques notes. Génial. Tout à coup, Décibel commence à crier :

– Ça alors, regarde, Noé !

Je me retourne vite. Décibel regarde par la fenêtre.

– Trop tard, il est parti !

– Qui est parti ?

– Le chien ! me répond Décibel. Un chien très bizarre, grand, marron et noir avec des yeux jaunes. Je n'ai jamais vu un chien comme ça !

Puis, il me demande :

– Alors, cette guitare, comment tu la trouves ? Ben quoi, tu ne dis rien ?

Encore ce chien ? Ce n'est pas possible. Je préfère ne rien dire à Décibel.

– Euh, ouais, cool, ta fender ! Bon, je dois partir. Les cours commencent dans vingt minutes.

---

4 **se retourner** sich umdrehen – 5 **trop tard** zu spät

Chapitre 5 Gitan, Tsigane ou Manouche ?

Je quitte « La Note ». Dans la rue, il n'y a plus de chien bien sûr. Je pense à Lila… On va devoir discuter de ce conte que nous devons écrire ensemble.
Et la première chose que je vois dans la cour quand j'arrive au collège, c'est la veste rouge de Lila et ses longs cheveux noirs. Je vais vers elle. Une bise et mon visage a la même couleur que sa veste.

– Salut, Lila ! Tu n'es plus malade ?
– Non, ça va, merci !
– Tu sais, euh… on doit travailler ensemble pour monsieur Feraqui. On doit écrire un conte.
– Oui, je sais, Jessica m'a téléphoné hier. Ecrire un conte, c'est super difficile, non ? Tu as déjà une idée ?

Elle me regarde avec ses grands yeux verts. Vite, une idée ! Allez Noé, un effort !

– Ben, j'ai peut-être une idée. On peut raconter l'histoire d'un chien. C'est un chien extraordinaire qui n'est à personne et les gens qu'il regarde avec ses yeux jaunes oublient leurs problèmes et n'ont plus peur de rien…
– Mais attends, c'est marrant ! Je connais une histoire comme ça. Mon grand-père m'a déjà raconté ça… C'est un conte tsigane qui vient de Russie. Voilà… c'est l'histoire d'un chien sauvage que des paysans veulent tuer. Il est exactement comme tu l'as dit : très grand avec des yeux jaunes. Le chien est blessé, mais un Tsigane le trouve. Il le soigne pendant de longues semaines, puis il lui rend sa liberté. Le chien est parti depuis longtemps, mais quand le Tsigane a un problème, le chien revient pour l'aider. Le temps passe et le Tsigane est devenu vieux. Le chien, lui, est toujours jeune, et quand le Tsigane meurt, le chien est à côté de lui, une dernière fois.

---

6 **le visage** das Gesicht – 15 **un effort** eine Bemühung – 17 **extraordinaire** außergewöhnlich – 23 **sauvage** wild – 23 **un paysan** ein Bauer – 24 **tuer** töten – 25 **blessé,e** verletzt – 26 **soigner** pflegen – 27 **rendre** zurückgeben – 27 **longtemps** lange – 29 **passer** *(hier)* vergehen – 31 **meurt** (von *mourir*: sterben) stirbt

– C’est une belle histoire, dis-je.

Mais cette histoire commence à me faire peur. Le chien de ce conte ne peut pas exister, c’est impossible.

– Tu l’aimes ? demande Lila. Alors, on la prend. Comment on va appeler notre conte. Euh… « Le chien du Gitan », c’est un bon titre, non ?

– Oui, c’est super ! Mais euh, pourquoi gitan ? Tu as dit que c’est une légende tsigane non ?

– Gitan et tsigane, c’est la même chose. Mais on peut aussi dire les Roms !

– Ah… bon… Mais comment est-ce que tu sais tout ça ?

– Mais je suis une Tsigane. On s’appelle aussi les Manouches !

Lila est une Rom, comme le garçon du métro ! Ça alors ! Et cette histoire de chien et ce conte que nous écrivons ensemble. Tout est en train de tourner dans ma tête. Je ne comprends plus rien.

– Tu es Rom, euh Manouche… enfin… euh… Tsigane… Mais tu n’habites pas… tu es…

Je ne sais pas comment continuer. Lila est en colère.

– J’habite dans un appartement, c’est ça ? Pas dans une roulotte et je ne lis pas dans les lignes de la main ! Mon pauvre Noé, tu vas apprendre des choses avec moi ! Mon grand-père vient d’Allemagne et ma grand-mère de Hongrie. C’est pour ça que je m’appelle Reinhardt, comme Django.

– Comme qui ?

– Django Reinhardt, le plus grand guitariste manouche !

– Je ne connais pas… Je regarde mes pieds comme devant la prof de maths. Lila me dit :

– Bon, on commence cet après-midi ? On se retrouve au CDI après la cantine, d’accord ?

---

22 **une roulotte** ein Wohnwagen – 22 **lire dans les lignes de la main** aus der Hand lesen – 25 **la Hongrie** Ungarn

Chapitre 6 L'attaque

A cinq heures, je dis au revoir à Lila devant le collège. Nous avons travaillé deux heures ensemble. Je la regarde partir et je pense que je suis très, très amoureux... J'ai appris beaucoup de choses avec elle : elle m'a raconté l'histoire des Roms, ces gens qui sont arrivés de l'Inde il y a très longtemps. Et ce super guitariste, ce Django Reinhardt, m'intéresse beaucoup. Papa le connaît peut-être.

Ce soir, c'est la répétition du groupe à la M.J.C. Notre groupe s'appelle « Les Volontaires », comme la station de métro dans notre quartier. On a parlé pendant des heures du nom de notre groupe et on n'a jamais pu être tous d'accord.

Fouad le batteur a d'abord voulu un nom anglais. Il dit qu'en anglais, on peut prendre des noms idiots, mais que c'est toujours bien quand même. Il a un peu raison, parce que « Jeu froid », « Tête de moteur » ou « Les singes de l'Arctique », en français, ça fait bizarre, c'est vrai. Mais comme Benjamin, le bassiste, n'est jamais d'accord avec Fouad, il a voulu prendre un nom français. On a cherché pendant des semaines, on a tellement cherché qu'on a arrêté de faire de la musique. Et un jour, Fouad a dit :

– J'en ai marre ! On va prendre n'importe quoi et puis voilà ! Tiens, on peut prendre le nom d'une station de métro !

Benjamin a rigolé :

– Cool, un groupe qui s'appelle Charles de Gaulle-Etoile ou Etienne Marcel, c'est vraiment trop génial, Fouad !

Fouad a été un peu vexé, mais on a pris un plan de métro. Et quand on a regardé le nom des stations de notre quartier, on a tout de suite été d'accord pour « Les Volontaires ».

---

0 **l'attaque** *(f.)* der Angriff – 5 **l'Inde** *(f.)* Indien – 5 **il y a très longtemps** vor langer Zeit – 9 **les Volontaires** die Freiwilligen – 13 **le batteur** der Schlagzeuger – 13 **anglais** englisch – 15 **quand même** trotzdem – 16 **un jeu** ein Spiel – 16 **froid,e** kalt – 16 **un singe** ein Affe – 22 **J'en ai marre.** Ich habe die Nase voll. – 22 **n'importe quoi** irgendwas – 28 **vexé,e** beleidigt

– Salut, les mecs. Allez, vite, on ne perd pas de temps.

Benja arrive, trop tard comme toujours. On rentre dans la salle, on prépare tout le matériel, je prends ma guitare et on commence à jouer. Les deux heures de répétition passent vite, comme dans un rêve. Il est déjà neuf heures et demi. Fouad est pressé et il nous quitte très vite. Benja et moi, on se dit au revoir devant la porte de la M.J.C. Il est venu en rollers et je le regarde partir dans le noir. Il fait froid, il n'y a personne dans la rue. Papa m'attend pour manger. Vite !

– Et alors, t'es pressé, Noé ? Tu dis pas bonjour à tes vieux copains !

Je reconnais la voix tout de suite. Mon cœur bat très vite. Devant moi, la rue noire et vide. Derrière moi, les trois mecs qui arrivent. J'entends leurs grosses chaussures noires.

– Moi, je crois qu'on est trop blancs pour lui, tu vois ! Noé, il préfère les métèques.

Les deux autres rigolent.

– Et, vous avez vu, il fait de la guitare pour pouvoir jouer avec ses copains dans le métro. C'est cool, ça, Noé. Dis, elle est pas mal, ta guitare ! Montre !

Ah non, je ne vais pas leur donner ma guitare. C'est le cadeau de maman pour mon anniversaire.

– Arrêtez, laissez-m…

Le grand type avec la cicatrice a mis sa main devant ma bouche. Je ne peux plus parler. Il me dit :

– Silence, tu as compris. Sinon…

Il me montre un couteau. Il me pousse et je tombe. Ma bouche et mon nez saignent, je ne vois plus que leurs pieds. J'attends.

---

1 **perdre** verlieren – 6 **pressé,e** in Eile – 13 **reconnaître** wiedererkennen – 13 **une voix** eine Stimme – 13 **le cœur** das Herz – 13 **battre** schlagen – 14 **vide** leer – 18 **un métèque** abfälliges Wort für Ausländer – 27 **la bouche** der Mund – 28 **sinon** sonst – 29 **un couteau** ein Messer – 29 **pousser** stoßen – 30 **le nez** die Nase – 30 **saigner** bluten

– Eh, t'as entendu, Fredo ? dit le roux.
– Entendu quoi ?
– Ben... un bruit... euh... bizarre. Comme un... euh... un animal !

Fredo rigole :
– Ouais, c'est toi, l'animal ici. Il n'y a personne, tu vois bien.

Mais cette fois, moi aussi, j'entends le bruit.
– Grrrrrrr !
– Et là, t'as entendu Fredo ?

Le type a peur, je l'entends. Fredo aussi.
– Ouais... mais qu'est-ce que c'est... ?
– Ça fait comme un tigre, dit le troisième.

Fredo a un rire bizarre.
– Un tigre ? T'as déjà vu un tigre devant une M.J.C., toi ?!

Fredo essaie d'être marrant.
– Et on voit rien, merde ! Mais qu'est-ce que c'est ? Allez viens, montre-toi, crie Fredo.

Moi, je suis toujours par terre et je vois le grand chien sortir du noir et sauter sur Fredo. Il tombe, il est maintenant à côté de moi. Le chien montre ses dents énormes, elles sont à dix centimètres de la gorge de Fredo. Le chien grogne toujours. Les deux autres garçons essaient de partir sans bruit. Mais le chien les entend et en une seconde, il a entre les dents au moins la moitié du pantalon du roux. Je vois la terreur dans les yeux des deux mecs. Fredo essaie de parler au chien.
– Brave chien... Oui, c'est ça, c'est un gentil ch...

Il n'a pas le temps de terminer. Le chien montre les dents encore une dernière fois, furieux. Fredo et ses copains partent comme des fusées. Le chien reste là. Il les regarde encore un peu, puis, il vient vers moi. Sa grosse tête est à côté de mon visage, mais je n'ai pas peur.

---

1 **le roux** der Rothaarige – 3 **un bruit** ein Geräusch – 19 **par terre** am Boden – 20 **sauter** springen – 21 **une dent** ein Zahn – 22 **la gorge** der Hals – 22 **grogner** knurren – 25 **la moitié** die Hälfte – 30 **furieux/furieuse** wütend – 31 **une fusée** eine Rakete

– Merci, mon vieux !

Il bouge un peu la tête, me regarde encore une petite minute. Il attend quelque chose. Je sais : il veut voir si tout va bien, si je peux rentrer chez moi sans problème.

– Oui, je peux, regarde !

Voilà, je me lève, j'ai un peu mal à la tête, mais ça va. Alors il part, très vite, sans bruit.

A la maison, je vais dans la salle de bain tout de suite. Ouf, papa ne m'a pas vu. J'ai un peu de sang sur le visage et sur mes vêtements. Une petite douche, un nouveau T-shirt et voilà. Papa ne va rien voir.

Nous mangeons ensemble, on discute un peu. Papa est fatigué et va au lit après le repas. Moi, je prends le téléphone et j'appelle Lila. Très vite, je lui raconte toute l'histoire depuis le début, depuis le métro. Elle m'écoute, elle ne dit rien, pas un mot.

– Je ne comprends pas ce qui arrive, Lila. Je vais devenir fou ! Je me sens… seul, tellement seul.

Voilà, je l'ai dit. C'est ce que je sens depuis exactement 5 mois, 2 semaines et 4 jours, le vide total… et je pleure, je pleure fort comme un petit enfant.

– Noé, tu m'entends ? Je suis là, moi ! Noé !

---

2 **bouger** sich bewegen – 14 **le sang** das Blut – 24 **le début** der Anfang – 25 **un mot** ein Wort – 27 **fou,folle** verrückt – 27 **seul,e** allein – 29 **le vide** die Leere – 29 **pleurer** weinen

Chapitre 7 L'invitation

Quatre semaines ont passé depuis ce soir-là. J'ai tellement pleuré pendant la nuit d'après, tellement pleuré... Bien sûr, Papa m'a entendu et il est resté à côté de moi jusqu'aux premières heures du matin. Et j'ai pleuré, pleuré sans arrêter. Et puis, j'ai dormi. Papa n'est pas allé travailler. Je suis resté trois jours à la maison, dans mon lit.

Lila est venue tous les jours. Le jeudi après-midi, quand elle est entrée dans ma chambre la première fois, j'ai eu honte. Je l'ai regardée avec mes yeux tout rouges et puis, elle est venue vers moi et elle m'a pris dans ses bras. On est restés comme ça pendant presque dix minutes.

Puis, on a beaucoup parlé, Lila et moi. Ou plutôt, j'ai beaucoup parlé, enfin ! Je lui ai parlé de maman, je lui ai raconté cette maladie qui me l'a prise. Maman, maman, j'ai dit son nom, j'ai pleuré, encore et encore comme un petit garçon.

– Mais tu es un petit garçon, m'a dit Lila. On est toujours un petit garçon quand on perd sa maman. Alors pleure, pleure, tu dois pleurer.

Elle a raison, Lila, très souvent. Elle ne pense pas comme les autres filles de son âge. Elle est comme ces très vieilles grand-mères dans les histoires, ces vieilles qui connaissent tous les secrets du monde.

Et puis, après ces trois jours, je suis retourné à l'école. Lila et moi, nous avons écrit notre conte. Cela n'a pas été difficile. J'ai écrit, écrit, j'ai seulement fait deux ou trois petites pauses parce que j'ai eu un peu mal à la main. J'ai senti le chien à côté de moi dans ces moments-là. Mais il est toujours là, le chien aux yeux jaunes ne quitte jamais

---

2 **la nuit** die Nacht – 9 **avoir honte** sich schämen – 12 **ou plutôt** oder besser gesagt – 14 **cette maladie qui me l'a prise** diese Krankheit, die sie mir genommen hat – 18 **perdre** verlieren – 22 **connaître** kennen – 23 **le monde** die Welt

mes rêves. Quand je ne suis pas en forme, je pense à lui et tout va bien. Je suis aussi retourné aux répétitions à la M.J.C. Je n'ai plus peur maintenant, je regarde toujours devant moi dans la rue, jamais derrière.

Un jour, en mars, Lila m'a invité à une fête dans un petit café à côté de Saint-Michel. Son oncle Daniel y donne souvent des concerts. Son groupe s'appelle « Tarne Spilari » : ça veut dire « les jeunes joueurs » en romanès. Et ce soir, donc, à 21 heures à la Taverne de Cluny, j'entends les premières notes de jazz manouche. L'oncle de Lila est génial. Avec lui, il y a trois musiciens : Stichelo, un autre guitariste, Biréli au violon et Nonni à la contrebasse. Ils sont fantastiques. C'est une musique géniale, une musique qui met de bonne humeur. Tout à coup Lila prend ma main. Elle veut danser ! J'y vais. Les autres tapent dans leurs mains, on entend les guitares, le violon, la contrebasse. Et tout à coup, la tête de Lila approche. Je n'ai pas eu le temps de comprendre ; elle m'a embrassé. On continue à danser ! Je suis sûr que maman me voit et qu'elle est contente, elle aussi.

---

8 **romanès** die Sprache der Roma – 16 **taper dans ses mains** klatschen – 17 **approcher** sich nähern – 18 **embrasser** küssen

Après le concert, nous mangeons avec Daniel et ses musiciens. Lila leur raconte mon histoire, elle leur parle du chien et tous les hommes écoutent en silence. Finalement, Daniel dit :
– C'est un signe, mon petit ! »
– Un signe de quoi !?
Biréli met sa main sur ma tête.
– Tu es protégé maintenant, tu comprends.
Stichelo demande à Lila :
– Dis, il va aux Saintes-Maries-de-la-mer avec toi, ton gadjo ?
– Ce n'est pas **MON** gadjo, d'abord !
Stichelo sourit.
Je demande :
– Qu'est-ce que c'est… les Saintes-Maries-de-la-mer ?
– Ah mon garçon, il faut y aller une fois dans sa vie. C'est un pèlerinage très important pour les Roms.
– Et c'est où, les Saintes-Maries-de-la-mer ?
– Mais c'est pas possible, qu'est-ce que vous apprenez à l'école ! demande Daniel. C'est en Camargue. Le pays des gitans, des taureaux et des chevaux…

Lila me dit tout à coup :
– Mais c'est vrai, pourquoi est-ce que tu ne viens pas avec nous ?

---

5 **un signe** ein Zeichen – 8 **protégé,e** beschützt – 11 **un gadjo** ein Nichtzigeuner (auf Romani) – 16 **la vie** das Leben – 17 **un pèlerinage** ein Pilgerfahrt – 20 **la Camargue** *Landschaft im Rhône-Delta* – 21 **un taureau** ein Stier – 21 **un cheval** ein Pferd

Chapitre 8 Le cadeau

Le 23 mai : Nous avons quitté Paris ce matin à six heures. Papa et moi, nous roulons vers le Sud. On ne parle pas beaucoup, on regarde les paysages qui changent.
A 15 heures, on arrive aux Saintes-Maries-de-la-mer.

Quelle ambiance ! Il y a des gens partout. Entre les jolies maisons blanches du centre du village, les rues sont noires de monde. Partout, on chante, on s'amuse. Aux terrasses des cafés, on joue de la guitare. Papa est derrière moi, je le regarde, il me sourit et me montre son portable. Pas de problème, nous allons nous retrouver après.

Au loin, je vois des hommes qui portent la statue de Sainte Sara, la sainte des Gitans. Tout autour, les gens essaient de toucher ses vêtements et crient : « Vive Sainte Sara ». Il y a les Gitans bien sûr, mais aussi les gens du pays, et beaucoup de touristes ; mais les touristes oublient bientôt leurs appareils photos, eux aussi se mettent à crier « Vive Sara ». Nous arrivons sur la plage, il fait beau, je lève les yeux vers le ciel bleu.

Tout à coup, je sens quelque chose sur mon bras. Je baisse la tête et je vois les deux grands yeux jaunes qui me regardent. Mais comment est-ce qu'il a fait pour me retrouver ici ?
Il prend mon bras dans sa gueule, puis il me tire un peu.
– D'accord, d'accord, je dois venir avec toi, c'est ça ?

Mais le chien est déjà parti. Il va vite ; il regarde toutes les deux ou trois minutes si je suis encore là et il continue. Nous quittons le village. Nous allons vers les dunes de

---

2 **rouler** fahren – 3 **un paysage** eine Landschaft – 6 **noir,e de monde** überfüllt – 11 **une sainte** eine Heilige – 12 **autour** ringsum – 13 **vive…** es lebe – 17 **Il fait beau.** Es ist schönes Wetter. – 18 **le ciel** der Himmel – 20 **baisser** *(hier)* senken – 23 **la gueule** das Maul – 23 **tirer** ziehen

sable. La mer est bleue, je sens le vent sur mon visage, le bruit de la fête est derrière moi, comme un rêve qui part avec le jour.

Tout à coup, le chien disparaît derrière une dune. Je monte moi aussi, mais c'est difficile. J'arrive enfin et je vois dix caravanes de Gitans. A l'ombre des arbres, des femmes sont en train de préparer le repas, des enfants jouent. Un petit garçon lève les yeux vers moi et crie quelque chose que je ne comprends pas. Tous les gens lèvent la main vers moi avec des grands sourires. Je descends de la dune, je vais vers eux. Le chien continue son chemin, nous sommes presque arrivés, c'est sûr. Mais pourquoi est-ce que tous ces gens sont si contents de me voir, ils ne me connaissent pas. J'ai l'impression d'arriver chez des amis que je n'ai pas vus depuis longtemps où d'être un invité important qu'ils attendent depuis des semaines.

Le chien s'arrête devant une caravane. La porte est ouverte, le chien entre sans hésiter. Que faire ? Les enfants ont arrêté de jouer, les femmes ont laissé leur repas, on n'entend plus que le bruit des vagues derrière la dune. Je dois continuer. J'entre moi aussi dans la caravane.

Au début, je ne vois rien, la pièce est dans le noir. Et puis, mes yeux commencent à reconnaître des formes. Il y a un lit et dans ce lit, il y a un homme, un très vieil homme. Je l'entends. Il me parle, mais je ne comprends pas ce qu'il me dit.
– *Najis tuke !*
– Co… comment … euh … excusez-moi, mais je ne vous comprends pas !
– *Najis tuke, tchavo ! Michto, michto !*

---

1 **le sable** der Sand – 1 **le vent** der Wind – 4 **disparaître** verschwinden – 6 **à l'ombre** *(f.)* im Schatten – 6 **un arbre** ein Baum – 14 **avoir l'impression** den Eindruck haben – 18 **ouvert,e** offen – 18 **hésiter** zögern – 20 **une vague** eine Welle – 23 **reconnaître** erkennen

Je ne sais plus quoi faire. Le chien est là, à côté du lit. Cette fois, il ne peut pas m'aider.

– Ça veut dire « Merci, mon garçon. C'est très bien ! ». Tu ne parles pas encore romanès, Noé ?

Qui a parlé, d'où vient cette voix ? Tout à coup, une petite silhouette sort de l'ombre et vient vers moi. Ça alors, le garçon du métro !

– Tu connais mon nom ?

– Mais oui, notre espion travaille très bien, dit-il dans un sourire et il me montre le chien. Je suis Kore et je veux te dire merci, *najis tuke*, Noé. Tu es très courageux.

– Mais euh…

– Mon grand-père a quelque chose pour toi. Attends.

5 **une voix** eine Stimme

Le vieil homme met le bras derrière son lit et en sort une guitare. Kore m'explique :

– Mon grand-père est très vieux, Noé. Il a joué toute sa vie sur cette guitare. C'est un très bon musicien, tu sais. Mais maintenant, il ne peut plus jouer. Alors, il a voulu me donner la guitare. Mais elle est pour toi, Noé. C'est moi qui l'ai décidé et mon grand-père est d'accord.

Je regarde le vieux monsieur ; il me fait un signe de la tête pour me dire : « Viens, allez, prends-la ! »
Je prends la guitare et je joue un accord. Les notes sortent par la porte de la caravane… Peu après, on leur répond. Un violon, un accordéon, des guitares, ils m'appellent. Kore me montre le chemin…

FIN

---

4 **la vie** das Leben – 8 **faire un signe de la tête** mit dem Kopf nicken

Pendant la lecture

Chapitre 1 Dans le métro

Répondez aux questions.

1. Pourquoi est-ce que Noé dit que sa mère est partie ?
2. Quelles personnes est-ce que Noé voit dans le métro ? Faites une liste.
3. Que font les trois hommes avec le petit garçon ?
4. D'après vous, pourquoi est-ce que les gens dans le métro ne font rien ?

Chapitre 2 Une histoire avec Lila

Vrai ou faux ? Si c'est faux, corrigez.

	Vrai	Faux
1. Quand Noé arrive dans la classe, il est 8 h 30.		
2. Les élèves doivent écrire une chanson.		
3. Noé doit travailler avec Lila et Andy.		
4. Lila est arrivée à l'école en décembre.		
5. La mère d'Andy est journaliste.		
6. Noé a oublié son sac dans le métro.		

Chapitre 3 Papa

1. Prenez un plan de Paris et regardez le chemin que prend Noé. Trouvez son adresse, son école et les stations de métro sur le plan.
2. Décrivez la réaction du père quand Noé lui raconte ce qui s'est passé dans le métro.
3. Le courage civique, qu'est-ce que c'est pour vous ? Est-ce que vous avez déjà été dans une situation où vous avez dû montrer votre courage civique ?

Chapitre 4 Le chien

1. Qui est Décibel ? Que montre-t-il à Noé ?
2. Combien de fois est-ce que Noé voit le chien ? Où ?
3. Faites un portrait du chien.

Chapitre 5 Gitan, Tsigane ou Manouche ?

1. Lila parle des clichés sur les Tsiganes. Lesquels ?
2. Résumez la légende tsigane que Lila raconte.

Chapitre 6 L'attaque

1. De quels groupes de musique est-ce que Noé parle ? Retrouvez les noms anglais. Puis, traduisez les noms de vos groupes préférés en français et en allemand. Ils vous plaisent encore ?
2. Retrouvez les parties du corps *(Körperteile)* du chien ou de l'homme dans la grille. Il y en a 10.

d	c	z	e	d	t	r	a	g
b	o	u	c	h	e	f	y	g
u	e	d	u	o	t	n	i	o
i	u	s	f	m	e	l	t	r
b	r	a	s	a	o	r	e	g
d	i	c	v	i	s	a	g	e
x	o	b	s	n	t	r	i	e
y	e	u	x	e	e	r	t	s
s	f	a	r	t	e	z	o	u

Chapitre 7 L'invitation

1. Cochez la ou les bonnes réponses.

Quand Lila est venue chez Noé le jeudi, elle	a) ☐	est restée dix minutes.
	b) ☐	a pleuré.
	c) ☐	a pris Noé dans ses bras.

	a) ☐	Noé trouve Lila trop vieille.
Après les trois jours,	b) ☐	Noé va mieux.
	c) ☐	Noé a peur du chien.

Dans ce chapitre, Lila invite Noé à…	a) ☐	un anniversaire
	b) ☐	un pèlerinage
	c) ☐	un concert

	a) ☐	sont tristes.
Dans la Taverne de Cluny, les gens	b) ☐	sont de bonne humeur.
	c) ☐	ne s'intéressent pas à la musique

2. Quels sont les instruments de l'orchestre de Daniel ?
3. Comment s'appelle le groupe ? Qu'est-ce que ça veut dire ?

Chapitre 8 Le cadeau

1. Décrivez l'ambiance aux Saintes Maries de la mer.
2. Expliquez le titre du chapitre.
3. Faites deux filets à mots sur les thèmes de la plage et de la musique.
4. Ecrivez une suite au chapitre.